まちごとチャイナ

Guangdong 011 Shantou
汕 頭

潮州華僑「船出の港町」

Asia City Guide Production

【白地図】汕頭

CHINA
広東省

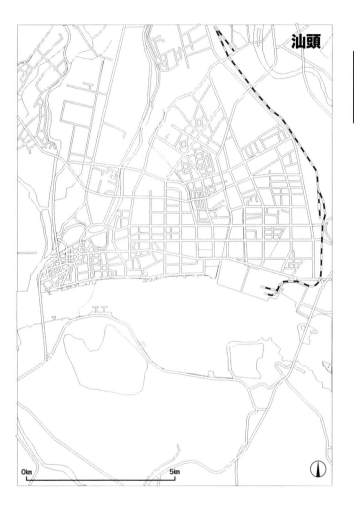

汕頭

Shantou

白地図

【白地図】汕頭中心部

CHINA
広東省

【白地図】旧市街

CHINA
広東省

【白地図】中山公園

CHINA
広東省

【白地図】人民広場

CHINA
広東省

【白地図】崎碌

CHINA
広東省

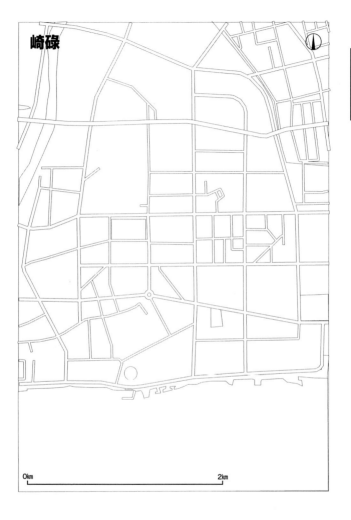

【白地図】汕頭南岸

CHINA
広東省

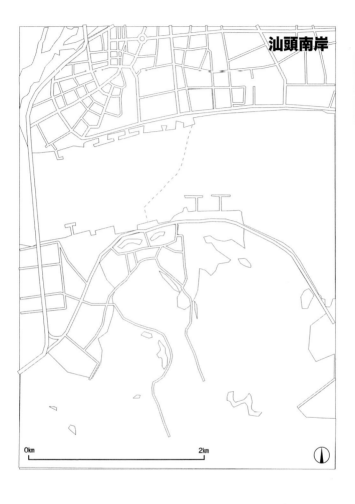

【白地図】媽嶼島

CHINA
広東省

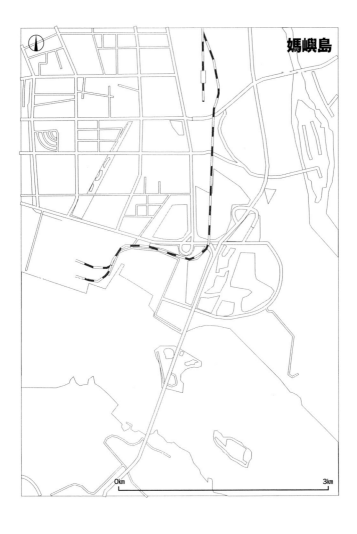

媽嶼島

Shantou 白地図

【白地図】開発区

CHINA
広東省

【白地図】汕頭郊外

CHINA
広東省

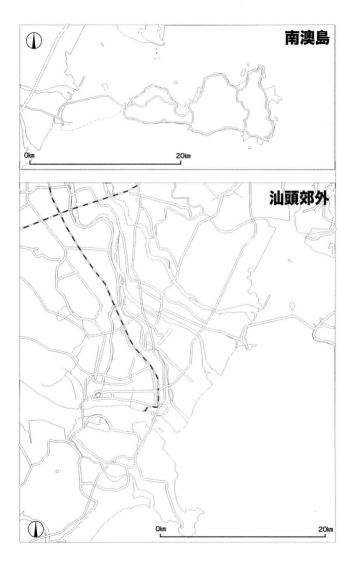

【まちごとチャイナ】

広東省 001 はじめての広東省

広東省 002 はじめての広州

広東省 003 広州古城

広東省 004 天河と広州郊外

広東省 005 深圳（深セン）

広東省 006 東莞

広東省 007 開平（江門）

広東省 008 韶関

広東省 009 はじめての潮汕

広東省 010 潮州

広東省 011 汕頭

CHINA
広東省

北回帰線が走る亜熱帯の気候をもつ広東省東部の港町、汕頭。もともとこの地方の中心は韓江を35kmさかのぼった潮州で、汕頭には砂州が広がるばかりだった。近代以降、西欧列強が進出するなかで、汕頭は1860年に開港し、街の発展がはじまった。

20世紀初頭、汕頭は上海、漢口、天津、広東、大連に次ぐ中国第6位の貿易港となり、イギリスやフランス、日本など各国の船舶が往来していた。当時建てられた石づくりの建築が汕頭旧市街には多く残り、1920〜30年代の面影を今に伝

汕头 Shàn tóu
シャントウ
汕頭

Shan Tou

えている。

　また近代の汕頭開港を受けて、東南アジアや世界各地へ進出する潮州人（潮汕人）の出港地となったという経緯もある。20世紀末の改革開放にあたっては、これら潮州華僑の投資を呼びこむため、汕頭に経済特区がおかれ、現在、中国東南沿岸地帯有数の都市となっている。

【まちごとチャイナ】

広東省 011 汕頭

目次

汕頭	xxii
華僑でツナガル港町	xxviii
旧市街城市案内	xxxiv
中山公園城市案内	lviii
人民広場城市案内	lxvii
汕頭老埠頭の物語	lxxix
崎碌城市案内	lxxxix
汕頭南岸城市案内	xcvi
媽嶼島城市案内	ciii
開発区城市案内	cix
汕頭郊外城市案内	cxiv
船出し成功した潮州華僑	cxxiv

【MEMO】

【地図】汕頭

【地図】汕頭の ［★★☆］
- [ ] 小公園 小公园シャオゴォンユゥエン
- [ ] 汕頭港 汕头港シェントォウグアン

【地図】汕頭の ［★☆☆］
- [ ] 中山公園 中山公园チョォンシャンゴォンユゥエン
- [ ] 中山路 中山路チョンシャンルウ
- [ ] 人民広場 人民广场レンミィングゥアンチャァアン
- [ ] 石砲台公園 石炮台公园 シイパァオタァイゴォンユゥエン
- [ ] 汕頭海湾大橋 汕头海湾大桥 シャントォウハァイワァンダアチィアオ
- [ ] 礐石風景区 礐石风景区チュエシイフェェンジィンチュウ
- [ ] 白花尖大廟 白花尖大庙 バァイフゥアジィアンダアミィアオ
- [ ] 時代広場 时代广场シイダァイグゥアンチャァアン
- [ ] 龍湖 龙湖ロォンフウ
- [ ] 媽嶼島 妈屿岛マアユゥダァオ
- [ ] 汕頭海湾大橋 汕头海湾大桥 シャントォウハァイワァンダアチィアオ

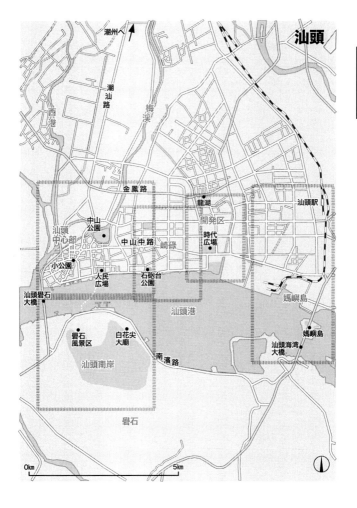

華僑で
ツナガル
港町

CHINA
広東省

広東省に位置しながら
隣の福建省閩南と文化的に近い汕頭
潮州語読みの「スワトウ」の名で親しまれている

汕頭のかんたんな歴史

明清時代、汕頭は澄海県に属して「沙汕」「沙汕坪」「沙汕頭」と呼ばれていたものの、小さな漁村がたたずむばかりだった（宋代は掲陽県に属し、元代は厦嶺と呼ばれていた）。当時、広東省東部の大動脈である韓江河口に浮かぶ南澳島には、倭寇（海賊）の根拠地があり、韓江デルタ最大の港は汕頭から北東30kmの樟林だった。清代、西欧列強が中国に進出するなかで、広東省、福建省を結び、台湾への地の利をもつ韓江デルタが注目され、アヘン戦争以後の1858年の天津条約で潮州の開港が決まると、その外港という名目で1860年、汕

Shantou 華僑でツナガル港町

頭も開港された。イギリス人はじめ西欧は、「南澳島」から、汕頭港に浮かぶ「媽嶼島」、汕頭港南側の「礐石」と拠点を遷し、1867年に現在の汕頭旧市街に商館や銀行、領事館を構えた。韓江を通じて上流に続くことから、やがて汕頭は広東省東部最大の港へと成長した。

東南アジアとの密な関係

潮州人は宋代ごろから東南アジアに進出していて、とくに清代の17世紀以来、中国の人口爆発に応えるため、タイ米の輸入を一手ににぎっていた。1767年、潮州人を父にもつタクシン

CHINA
広東省

が、バンコクで王朝を開いたこともあって、それに導かれるように潮州人がタイへ向かった。こうした傾向は、1860年の汕頭の開港とともに増加し、多くの華僑が汕頭から旅立っていった(19世紀、アメリカのゴールドラッシュ、東南アジアのゴムやすずといった資源開発の労働力として中国人やインド人が重宝され、汕頭は厦門とならぶ移民の送り出し港だった)。1882～1928年のあいだに汕頭からバンコクへの出国者は160万人、バンコクから汕頭への帰国者は93万人とされ、バンコクのチャイナ・タウンでは潮州人街が形成されている。現在、潮州人は30あまりの国、地域に分布すると言われ、タイの潮州人のほ

Shantou 華僑でツナガル港町

▲左　多くの華僑を輩出した港町。　▲右　海鮮をたっぷりと使う汕頭の料理

うが中国に暮らす潮州人よりも数が多いという。

改革開放と経済特区

1949年の中華人民共和国設立以後、計画経済の政策がとられていたが、1978年に改革開放がはじまると、資本主義の要素や制度の導入が進められた。この改革開放にあたって、香港に隣接する「深圳」、マカオに隣接する「珠海」、台湾の対岸「厦門」、そして華僑を通じて東南アジアとつながりの深い「汕頭」に経済特区がおかれた（北京から遠い南方の地で、実験的な経済政策がとられた）。汕頭では旧市街の東側

CHINA
広東省

に新たに新市街が整備され、潮州華僑の投資が呼び込まれたことから、汕頭の工場の輸出の大部分が東南アジア向けだったという。このように潮州語を母語とする人びとの血縁や地縁でビジネスが行なわれたが、潮州人は香港にも多く進出していて、香港映画や香港のテレビにも親しみがあるという。

汕頭の構成

北の潮州方面から流れてくる韓江と、西からの流れの榕江の河口部に位置する汕頭。福建省や江西省に続く広東省東部は山がちで、韓江をはじめとする河川が交通の大動脈となってきた。

▲左　この街の足はバイタクとオート三輪車。　▲右　善堂という相互扶助組織が発達したのも潮汕地域の特徴

汕頭港を中心に北側が「汕頭市街（西に旧市街、東に新市街）」、汕頭港南岸が「礐石」、また汕頭港と外海のあいだには「媽嶼島」と「徳嶼島」が浮かぶ。現在の汕頭市街は、泥砂の堆積でできた砂州があったところで、半島状の先端部に汕頭旧市街と埠頭が位置し、街の拡大とともに旧市街東側の「崎碌」が新開地（新市街）として開発された。20世紀初頭の汕頭黎明期では、「旧市街」が埠頭と市場、「崎碌（新市街）」が外国人居留地、「汕頭港南岸（礐石）」はイギリス領事館などが立つ外灘といった性格だった。また20世紀末以降、「崎碌（新市街）」のさらに東に「開発区（時代広場、龍湖工業区）」が整備されている。

Guide,
Shan Tou Jiu Cheng
旧市街
城市案内

CHINA
広東省

1920～30年代の老埠頭の面影を残す旧市街
オールド・スワトウとも言えるこのエリアには
近代急速に発展した港町の物語があった

汕頭旧市街 汕头老城区 shàn tóu lǎo chéng qū
シャントォウラァオチャァンチュウ [★★★]

汕頭旧市街は、汕頭港北側の埠頭をはじまりとし、街が形成されたエリア。アヘン戦争後の1860年の汕頭開港を受けて西欧列強が進出し、1863年ごろから西欧の領事館や商館、銀行がならぶようになった（イギリス、日本、アメリカ、フランス、オランダ、ノルウェーといった国が汕頭に進出した）。また仕事と機会を求める潮州人たちが集まり、商業や労働力をになって、街は急速な発展をとげた。1920～30年代に建てられた石づくりの建築がならび、当時の様子を今に伝える。

【MEMO】

【地図】汕頭中心部

【地図】汕頭中心部の [★★★]
- [ ] 汕頭旧市街 汕头老城区
  シャントォウラァオチャァンチュウ

【地図】汕頭中心部の [★★☆]
- [ ] 小公園 小公园 シャオゴォンユゥエン
- [ ] 商業街 商业街 シャンイェエジィエ
- [ ] 汕頭港 汕头港 シェントォウグアン

【地図】汕頭中心部の [★☆☆]
- [ ] 1860文化創意園 1860文化创意园
  イイバアリィウリィンウェンフゥアチュゥアンイイユゥエン
- [ ] 中山公園 中山公园 チォォンシャンゴォンユゥエン
- [ ] 廻瀾橋 廻澜桥 フゥイラァンチャオ
- [ ] 胡文虎大楼 胡文虎大楼 フウウェンフウダアロウ
- [ ] 人民広場 人民广场 レンミィングゥアンチャァアン
- [ ] 中山路 中山路 zhōng shān lù チォンシャンルウ
- [ ] 石砲台公園 石炮台公园 シイパァオタァイゴォンユゥエン
- [ ] 汕頭礐石大橋 汕头礐石大桥
  シャントォウチュエシイダアチャオ
- [ ] 礐石風景区 礐石风景区 チュエシイフェェンジィンチュウ

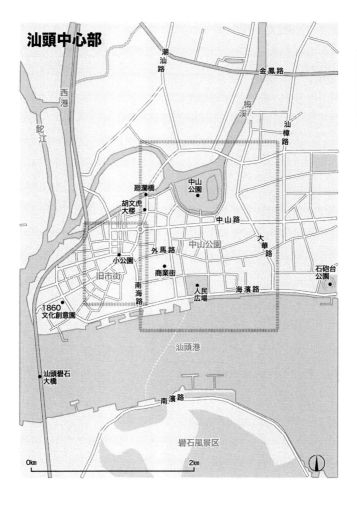

【地図】旧市街

【地図】旧市街の [★★★]
- ☐ 汕頭旧市街 汕头老城区
  シャントォウラァオチャァンチュウ

【地図】旧市街の [★★☆]
- ☐ 小公園 小公园シャオゴォンユゥエン
- ☐ 百貨大楼 百货大楼バァイフゥオダアロウ
- ☐ 天后宮 天后宫ティエンホォウゴォン
- ☐ 関帝廟 关帝庙グゥアンディイミィアオ
- ☐ 存心善堂 存心善堂ツゥンシィンシャンタァン

【地図】旧市街の [★☆☆]
- ☐ 永平路 永平路ヨォンピィンルウ
- ☐ 升平路 升平路シェンピィンルウ
- ☐ 永平酒楼旧址 永平酒楼旧址
  ヨォンピィンジィウロォウジィウチイ
- ☐ 汕頭開埠文化陳列館 汕头开埠文化陈列馆
  シャントォウカァイブウウェンフゥアチェンリィエグゥアン
- ☐ 汕頭郵政総局大楼 汕头邮政总局大楼
  シャントォウヨウチャンヅォンジュウダアロウ
- ☐ 汕頭海関関史陳列館 汕头海关关史陈列馆
  シャントォウハァイグゥアングゥアンシイチェンリエグゥアン

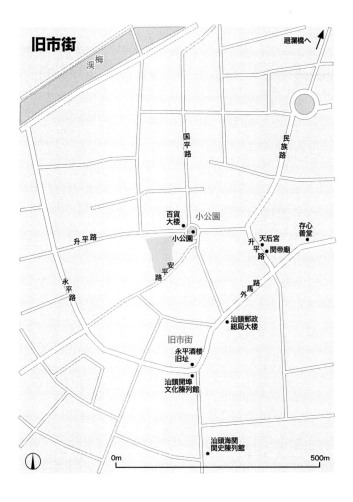

CHINA
広東省

汕頭という名称

明清時代、「泥沙浮出」の砂州という意味あいから、「沙汕」「沙汕坪」「沙汕頭」などと呼ばれ、澄海県に属していた汕頭。汕頭という名称が定着するのは、清朝嘉慶帝（在位 1796 ～ 1820 年）から咸豊帝（在位 1850 ～ 61 年）時代のことだとされる。風水では、汕頭を「龍の頭」、西 150kmの汕尾（スワビエ）を「龍の尾」にたとえ、この地に龍が走るとも考えられている。汕頭が 1860 年以後に発展したのに対して、韓江デルタの中心は古くから潮州で、ふたつの頭文字をとって「潮汕」という言葉も使われる。汕頭という街名は普通語（北京語）で「シャ

▲左　街歩きはここから、小公園。　▲右　人力車のモニュメント、埠頭に息づく文化

ントォウ」、地元の潮州語では「スワトウ」と呼ぶ。

小公園 小公园 xiǎo gōng yuán シャオゴォンユゥエン［★★☆］

小公園は5つの通り（かつての永和、永泰、永興、永安、昇平の「四永一昇平」）が集まる汕頭旧市街の中心地。円形ロータリーの中心には中国風の亭が見られ、周囲には1920〜30年代に建てられた石づくりの建築がならぶ。もともと小公園のあたりは、清朝乾隆帝（在位1735〜95年）、嘉慶帝（在位1796〜1820年）時代に市場が形成され、1860年の汕頭開港後に街の中心地となった。

CHINA
広東省

百貨大楼 百货大楼 bǎi huò dà lóu バァイフゥオダアロウ[★★☆]
近代港湾都市として繁栄を見せていた1920〜30年代の汕頭。百貨大楼は、1932年、当時の汕頭の中心だった小公園に面して建てられた。7階建ての建物には呉服店、時計店、レストラン、屋上庭園などが集まり、流行、文化の発信地となっていた（また小売価格を統一し、掛け値なしの販売をした）。この百貨大楼では300人を超える人びとが働いていたという。

▲左　人びとの営みが見られるのも旧市街の魅力。　▲右　1920〜30年代に建てられた建築が多く残る、百貨大楼

石づくりの騎楼

汕頭はじめ広東省や福建省など中国東南沿海部で見られる騎楼建築。1階部分がアーケードの歩道となっていて、その上部に建物が乗る（騎）様式を「騎楼」と呼ぶ。この地方で騎楼が発達したのは、夏の陽射しや風雨を避けるなど、華南の気候に対応するためだと言われる。汕頭から華僑として海を渡り、当地で成功した人びとはこの騎楼建築を建てることで故郷に錦を飾った。1階が商店で、2階以上が住宅というかたちが多く、柱部分には店舗の張り紙や剪紙がはられている。

広東省

永平路 永平路 yǒng píng lù ヨォンピィンルウ ［★☆☆］
永平路は汕頭旧市街のメイン・ストリート。通りの両脇には20世紀初頭に建てられた石づくりの建物が連なり、永平酒楼旧址、日本の台湾銀行跡の汕頭開埠文化陳列館などが残る。かつて永平馬路と呼ばれて、馬車の走る通りだった。

升平路 升平路 shēng píng lù シェンピィンルウ ［★☆☆］
汕頭旧市街を東西に走る升平路。20世紀初頭は昇平馬路と呼ばれ、当時の建物が現在も残る。またこの升平路は地元の汕頭人たちが集まる市場となっていて、食料品、衣料品、雑

▲左 天后宮と関帝廟が隣接して立つ。 ▲右 礼拝に訪れる人、このあたりは汕頭開港以前からの歴史をもつ

貨などが売られている。

天后宮 天后宮 tiān hòu gōng ティエンホォウゴォン［★★☆］

汕頭の商人や船乗りたちの信仰を集めた「海の守り神」媽祖をまつった天后宮。媽祖は宋代の福建省莆田に実在した巫女で、死後、霊験を示したことから、道教の神さまとして信仰されるようになった（海上交易の高まりとともに、各王朝に冊封され、やがて皇帝の妃「天后」となった）。この汕頭の天后宮は清朝乾隆帝（在位 1735～95 年）時代に隣接する関帝廟ともに創建され、港に近いことから、商人たちが集まる

CHINA
広東省

交易空間「小意商」となり、「常関(清代の税関)」もおかれていた。その後、1860年の汕頭開港以後の1879年、ここ升平路(昇平街)で再建され、新たに西側の杉排街に建てられた新天后廟に対して、老天后廟と呼ばれた。屋根には閩南様式の派手な装飾が見え、幅17.7m、奥行き17.1mの規模となっている。

関帝廟 关帝庙 guān dì miào グゥアンディイミィアオ［★★☆］
媽祖廟に隣接して立つ、三国志の武将関羽をまつった関帝廟。清代なかごろの創建で、1879年に再建され、媽祖廟とともに汕頭でもっとも歴史ある建築となっている。関羽はそろばんの発明者、商売の神さまと信仰され、汕頭の古い交易市場のあったこの場所で建てられた（明清時代、山西商人が中国各地に進出し、山西出身の関羽を信仰の拠りどころとした）。幅6.6m、奥行き17.1mで、盤龍柱と呼ばれる柱にほどこされた贅沢な龍の彫刻が見え、廟内には関帝（関羽）がまつられている。

広東省

存心善堂 存心善堂
cún xīn shàn táng ツゥンシィンシャンタァン ［★★☆］

極彩色の龍の彫刻や装飾がほどこされた外観をもつ存心善堂（高さ 13.4m、奥行き 24.4m）。存心善堂は橋や道路などの公共工事、教育や消防、病院、身請け人のいない遺体の処理などを行なう互助団体で、1899 年、ペストの大流行で多くの病人、死者を出したことを受けて設立された。清末民国初期の潮州や汕頭など韓江一帯では 500 以上の善堂があり、汕頭商人や東南アジアの潮州華僑の援助を集めてきた（善堂は明清時代から見られた）。仏教色の濃い儀礼で知られ、宋代、潮

▲左　仏教をもとにした独特の信仰が見られる存心善堂。　▲右　街角の屋台、汕頭は食文化も多彩

汕地方で公共事業を行なった大峰禅師がまつられている。中華人民共和国設立後、閉鎖や破壊をこうむったが、存心善堂の建築的価値が評価され、現在の建物は2003年に再建された。年中行事では、「扶乩」と呼ばれる降神術も行なわれている。

潮汕地域の民間信仰

広東省東部の韓江デルタとこの地方の人びとの進出先の東南アジアで話されている潮州語を媒介として強い同郷意識をもつ潮州人（汕頭人）。潮州人たちの信仰を集めているのが宋代に実在した大峰祖師で、1127年、大峰祖師は人びとを集

CHINA
広東省

めて練江に大橋をかける事業を行ない、その死後、橋は完成した。橋の完成で、人、もの、情報などの往来が進み、人びとの生活が向上したことから、橋のほとりに大峰祖師をまつる報徳堂が建てられた。これが「忠・孝・仁・愛・禮・義・廉・耻」をかかげる潮汕地域の善堂の原型で、大峰祖師のほか呂洞賓（道教の神さま）らが信仰の対象となった。また善堂を中心とする潮州人社会では、籠や箸などを道具を使って「藍姑」「観箸神」といった神さまを降ろす占いの「扶乩（中国版こっくりさん）」も広く見られた。1939年、潮州で生まれた扶乩をもちいた宗教の徳教は、潮州華僑の広がりにあわ

せるように、東南アジアでも広まった。

永平酒楼旧址 永平酒楼旧址 yǒng píng jiǔ lóu jiù zhǐ
ヨォンピィンジィウロォウジィウチイ［★☆☆］

20世紀初頭の港町の面影を残す汕頭旧市街の中心部に残る永平酒楼旧址（汕頭工商銀行旧址）。汕頭が新興港湾都市として台頭した1922年に建てられた。幅15.5m、奥行き64.2mの2階建ての建物は左右対称で、上部には5つの星が見える。この永平酒楼旧址は黎明期の中国共産党の集会場所でもあり、1925年に共産党の大会が開かれている。

広東省

汕頭開埠文化陳列館 汕头开埠文化陈列馆
shàn tóu kāi bù wén huà chén liè guǎn
シャントォウカァイブウウェンフゥアチェンリィエグゥアン[★☆☆]

永平酒楼旧址の向かいに立つ汕頭開埠文化陳列館。1958年に潮州の開港が決まり、汕頭はその外港として1860年に開港された（それまで中国は鎖国状態で、西欧の商館は広州沙面にあった）。3階建ての石づくりの汕頭開埠文化陳列館は、戦前は台湾銀行汕頭支店だったところで、1907年の支店設立とともに建てられた。1899年、日本の植民地となった台湾の中央銀行を本店にもち、台湾対岸の福建省、広東省から

▲左　陸揚げされた海鮮を売る、路上にて。　▲右　騎楼と呼ばれる建築が見える

東南アジアなど、日本の南洋進出にあわせて中国各地に支店がおかれた。1945年の終戦後、9月27日にこの汕頭支店も閉鎖されたが、銀行員はここで待機し、11月19日に中国農民銀行に接収された（行員は日本人収容所に移ったあと、翌年、日本に引き揚げたという）。

広東省

汕頭郵政総局大楼 汕头邮政总局大楼
shàn tóu yóu zhèng zǒng jú dà lóu
シャントォウヨウチャンヅォンジュウダアロウ ［★☆☆］

汕頭旧市街の大動脈だった外馬路に残る汕頭郵政総局大楼。郵政は距離の離れた者同士が必要とする情報や物資を、国営、安価で行き渡らせ、近代化を象徴する事業のひとつだった。汕頭には大阪商船会社や日本郵船会社の汽船が来航し、汕頭と香港や上海、台湾、厦門などを結んだ。汕頭郵政総局大楼は1922年に建てられた西欧式建築で、「老安平郵電局」の愛称でも親しまれてきた。

汕頭海関関史陳列館 汕头海关关史陈列馆
shàn tóu hǎi guān guān shǐ chén liè guǎn シャントォウハァイグゥアングゥアンシイチェンリエグゥアン [★☆☆]

汕頭の標準時刻を告げる鐘をそなえたことから、「鐘楼」の愛称でも親しまれる汕頭海関関史陳列館（潮海関鐘楼）。潮海関は1685年、粤海関の管轄ではじまり、1860年、媽嶼島に潮州新関（潮海関）がおかれた。この建物は、汕頭黎明期の1921年に建てられ、汕頭港に陸揚げされた物資の税務や貿易事務が行なわれた。当時の建築が改装され、日本やドイツ、アメリカ、フランス、ロシアなど世界各地の商人が集まっ

広東省

た1920〜30年代の汕頭港を物語る資料の展示が見られる。

1860文化創意園 1860文化创意园
yī bā liù líng wén huà chuàng yì yuán イイバアリィウリィンウェンフゥアチュゥアンイイユゥエン [★☆☆]

汕頭が開港され、街の発展がはじまった1860年を記念して建てられたギャラリー、文化拠点の1860文化創意園。広東省東部の貿易都市、潮汕地方の芸術をテーマとする「粤東交易中心」「潮汕非遺文化展示中心」「綜藝演出展覽展示中心」などの展示が見られる（写真、剪紙、木彫が陳列されている）。

Guide,
Zhong Shan Gong Yuan
中山公園
城市案内

CHINA
広東省

潮州からいくつもの流れに枝わかれする韓江
汕頭はそのなかの一筋におかれた港町
中洲に浮かぶ中山公園は汕頭八景のひとつ

中山公園 中山公园 zhōng shān gōng yuán
チョォンシャンゴォンユゥエン［★☆☆］

韓江デルタの流れのひと筋、梅渓の川面に浮かぶように広がる中山公園。もともと「月眉塢」と呼ばれる中洲だったが、1928年に公園として整備され、開放された。中央の「玉鑒湖」はかつての月眉湖で、「九曲橋」「中山牌坊」「仮山」「動物園」などが位置する。中山公園の夕方の舟遊びは汕頭の風物詩と知られ、この中山公園で龍舟競渡が行なわれた（七夕に織姫さまに祈る人びとの姿もあった）。汕頭八景のひとつ「月苑鴬声」にあげられる。

無数の流れをもつ韓江デルタ

韓江は潮州を過ぎるといくつもの流れに枝わかれし、その河口ごとに港があった。これらの港は、土砂の堆積によって盛衰し、1860年以後は汕頭が最大の港となっている（汕頭は、榕江と韓江が河口で合流する地に位置する）。韓江本流は汕頭北東郊外（15〜25㎞）を流れ、北側の「北港」、南側の「南港」のふたつにわかれる（さらにその北の「義豊渓」近くに汕頭発展以前、韓江デルタの中心だった樟林がある）。また「新津河」が汕頭市街の東10㎞郊外を流れるほか、汕頭旧市街に隣接する川筋を「梅渓」と呼ぶ。この梅渓と合流するの

【地図】中山公園

【地図】中山公園の ［★★☆］
- [ ] 商業街 商业街 シャンイェエジィエ
- [ ] 汕頭港 汕头港 シェントォウグアン
- [ ] 天后宮 天后宫 ティエンホォウゴォン
- [ ] 関帝廟 关帝庙 グゥアンディイミィアオ
- [ ] 存心善堂 存心善堂 ツゥンシィンシャンタァン

【地図】中山公園の ［★☆☆］
- [ ] 中山公園 中山公园 チォンシャンゴォンユゥエン
- [ ] 汕頭市博物館 汕头市博物馆 シャントォウシイボオウウグゥアン
- [ ] 廻瀾橋 廻澜桥 フゥイラァンチャオ
- [ ] 胡文虎大楼 胡文虎大楼 フウウェンフウダアロウ
- [ ] 広東東江各属行政委員公署旧址 广东东江各属行政委员公署旧址 グゥアンドォンドォンジィアンガアシュウシィンチャンウェイユゥエンゴォンシュウジィウチイ
- [ ] 汕頭天主堂 汕头天主教主教楼 シャントォウティエンチュウジィアオチュウジィアオロウ
- [ ] 人民広場 人民广场 レンミィングゥアンチャァアン
- [ ] 中山路 中山路 zhōng shān lù チォンシャンルウ

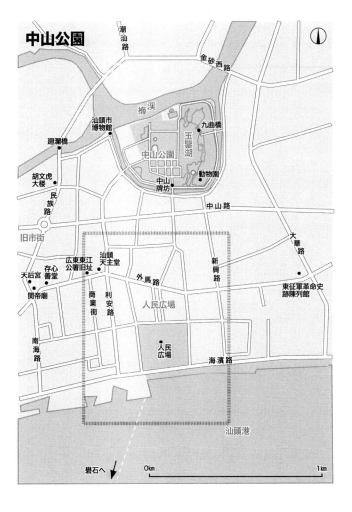

広東省

が「西港」で、西港の西側に平行して「鮀江」が流れる。鮀江にかかる漁網は、かつて汕頭の知られた風景で汕頭八景のひとつ「鮀江晒網」にあげられた。

汕頭市博物館 汕头市博物馆 shàn tóu shì bó wù guǎn
シャントォウシイボオウグゥアン［★☆☆］

中山公園に隣接して立つ汕頭市博物館。1960年に設立され、書画や陶磁器、玉器などのほか、潮汕華僑の展示も見られる。「品」の字型の外観をもつ建物は潮汕地域の伝統的な建築をもとにしている。

▲左　廻瀾橋あたりから汕頭市博物館をのぞむ。　▲右　東南アジアで成功した華僑が建てた胡文虎大楼

廻瀾橋 廻澜桥 huí lán qiáo **フゥイラァンチャオ** [★☆☆]

梅渓にかかり、長らく汕頭を代表する橋として知られてきた廻瀾橋。この橋は汕頭旧市街へ入る北側の入口でもあり、1920年代にかけられ、いく度か改修されて現在の姿となった。かつて廻瀾橋の北に39km先の潮州へ伸びる潮汕鉄路の汕頭側の起点があるなど、潮州と汕頭を結ぶ意味あいをもっていた（潮汕鉄路は1904年に敷設された）。

広東省

胡文虎大楼 胡文虎大楼
hú wén hǔ dà lóu フウウェンフウダアロウ ［★☆☆］

汕頭旧市街の北部、廻瀾橋に続く民族路に立つ胡文虎大楼。かつては汕頭永安堂（永安堂薬行）と呼ばれ、中央に円筒型の塔が立つ新棟は汕頭で最高の７階建てだった。この建物を建てた胡文虎は福建省奥地の客家出身で、東南アジアで筋肉疲労に効く軟膏「タイガーバーム」で財をなした（汕頭は潮州人だけでなく、韓江上流域の客家人たちにとっても東南アジアへの出港地となっていた）。胡文虎は永安堂薬行（製薬事業）のほか、新聞教育事業や公益事業も行ない、汕頭に製

Shantou

中山公園城市案内

薬工場と新聞社も設立している。

Guide,
Ren Min Guang Chang
人民広場
城市案内

旧市街の東側に整備された人民広場
汕頭人の台所とも言える商業街や
天主堂が堂々とした姿を見せる

商業街 商业街 shāng yè jiē シャンイェエジィエ ［★★☆］
商業街は細い路地にずらりともの売りが集まる汕頭の食料品市場。汕頭港で陸揚げされたえび、かに、牡蠣、貝、黄魚、不可、ヒラメ、たち魚などの海鮮類がならぶ。これらの品はグラム売りされているほか、売り手がその場で包丁でさばく姿も見られる。またブタ肉や野菜などの食料を売る市場も隣接する。

海鮮で知られる潮汕料理
海鮮を使った素材本来の味を活かしたあっさりとした味つけ

【地図】人民広場

【地図】人民広場の [★★★]
- 汕頭旧市街 汕头老城区
シャントォウラァオチャァンチュウ

【地図】人民広場の [★★☆]
- 商業街 商业街 シャンイェエジィエ
- 汕頭港 汕头港 シェントォウグアン
- 天后宮 天后宫 ティエンホォウゴォン
- 関帝廟 关帝庙 グゥアンディミィアオ
- 存心善堂 存心善堂 ツゥンシィンシャンタァン

【地図】人民広場の [★☆☆]
- 広東東江各属行政委員公署旧址 广东东江各属行政委员公署旧址
グゥアンドォンドォンジィアンガアシュウシィンチャンウェイユゥエンゴォンシュウジィウチイ
- 汕頭天主堂 汕头天主教主教楼
シャントォウティエンチュウジィアオチュウジィアオロウ
- 人民広場 人民广场 レンミィングゥアンチャァアン
- 中山公園 中山公园 チォンシャンゴォンユゥエン
- 廻瀾橋 廻澜桥 フゥイラァンチャオ
- 胡文虎大楼 胡文虎大楼 フウェンフウダアロウ
- 中山路 中山路 zhōng shān lù チォンシャンルウ

CHINA
広東省

の潮州料理。汕頭では、潮州と汕頭の頭文字をとって潮汕料理とも呼ばれる。店の軒先にえび、かに、牡蠣、黄魚などの食材をならべ、またブタ肉や鶏肉などを店頭につりさげて注文を受けてから調理する。燕窩(ツバメの巣)、魚翅(フカのヒレ)、海参(なまこ)、干鮑(あわび)といった高級食材でも知られ、コースでは出汁をきかせたスープ料理が多く出される(牛肉をたたいて練りもの状にしてからゆでる牛肉丸もこの地方の名物料理)。この潮汕料理とともに、汕頭の人びとの茶好きは広く知られ、鳳凰水仙や鳳凰単欉といった品種の烏龍茶を手間暇かけた作法で飲む潮州工夫茶も知られる。

▲左　汕頭市民の台所とも言える商業街。　▲右　この街の教育拠点となっている広東東江各属行政委員公署旧址

広東東江各属行政委員公署旧址 广东东江各属行政委员公署旧址
guǎng dōng dōng jiāng gè shǔ xíng zhèng wěi yuán gōng shǔ jiù zhǐ
グゥアンドォンドォンジィアンガアシュウシィンチャンウェイユゥエンゴォンシュウジィウチイ　[★☆☆]

広東東江各属行政委員公署旧址は、中国の伝統的な四合院様式の建築で、清朝末期の1888年に建てられた。当時、近代化の遅れていた清朝では、新式の学校設立と教育が進められ、その中心となっていた。辛亥革命後、広州からの北伐軍が潮州、汕頭を支配下とすると、1926年、行政委員の周恩来はここに広東東江各属行政委員公署をおいた（以上の史実から建物名はとられた）。汕頭の市政は広州をモデルに1921年か

広東省

らはじまっている。

汕頭天主堂 汕头天主教主教楼
shàn tóu tiān zhǔ jiào zhǔ jiào lóu シャントォウティエンチュウジィアオチュウジィアオロウ［★☆☆］

汕頭天主堂は外馬路に面して立つ4階建ての堂々としたキリスト教会。1856年、ウィリアム・バーンズとハドソン・テイラーというふたりのイギリス人宣教師が汕頭で活動するなど、開港前後からキリスト教の布教が進められた（潮州社会は保守的だったため、西欧人にかなりの抵抗があったとい

▲左　大型船が行き交う汕頭港。　▲右　堂々としたたたずまいの汕頭天主堂

う）。汕頭では1914年に汕頭教区がつくられ、1918年にこの汕頭天主堂が建てられた。周囲には礼拝堂、学校、宣教師の住宅なども見られた。

人民広場 人民广场 rén mín guǎng chǎng
レンミィングゥアンチァァアン［★☆☆］

汕頭市街から汕頭港をはさんで対岸の礐石にのぞむ場所に整備された人民広場。旧市街から見て東にあたるこの地には、戦前、日本領事館があり、ビーチが広がっていた。1956年、海岸を整備して人民広場がつくられ、ローマ遺跡風の柱のモ

ニュメント、噴水、彫刻などが位置する。市民の憩いの場となっていて、広場前方から汕頭市街と対岸の礐石を結ぶ船が往来する。

汕頭港 汕头港 shàn tóu gǎng シェントォウグアン [★★☆]
韓江と榕江河口部の広い海域をもち、魚類の繁殖にも適する汕頭港。汕頭港には媽嶼島と徳洲島が浮かび、そこから東の南海を通じて台湾、広州、厦門などと結ばれている。汕頭港の発展がはじまったのは、アヘン戦争後の1858年に潮州の開港が決まり、1860年、その外港として汕頭が注目された

Shantou 人民広場城市案内

ことによる(それ以前からイギリス領事や商人たちはこの地に目をつけていた)。韓江を通じて内陸部とつながる汕頭に、港湾機能が整備され、多くの船舶が往来して街は急速に発展した。1902〜03年、上海、漢口、天津、広東、大連についで中国第6位の貿易高を記録するなど、当時、中国八大貿易港のひとつに数えられていた。汕頭港の「海湾虹影」は汕頭八景のひとつで、汕頭碧石大橋と汕頭海湾大橋のふたつの大橋がかかる。

広東省

汕頭ハンカチーフをつくる刺繍

韓江デルタでは、潮州や汕頭女性が手で縫う「潮繍」と呼ばれる刺繍（ドロンワーク）の見事さが知られている。「刺（針で縫う）」と「繍（彩りを加える）」からなる刺繍文化は、唐の貞観年間（627〜649年）からこの地方で育まれ、汕頭地方の女性は子どものころから刺繍を学ぶという（木彫や剪紙などの伝統工芸が盛んな地域であったうえ、潮州女性の手先は器用だった）。汕頭刺繍は白色で山や畝をつくって厚みを出し、金や銀の絹糸で装飾していき、構図、針の多さ、色彩の豊富さ、重厚さなどが特筆される。模様には龍や鳳凰、人

Shantou | 人民広場城市案内

や動物などがあしらわれ、「百鳥朝陽」「百鳥朝鳳」などの意匠をもつ汕頭刺繍は、港町汕頭から日本にも伝わり、汕頭ハンカチーフの名前で知られていた。

汕頭老埠頭の物語

1860年、汕頭は潮州の外港として開港された
西欧の文明が流入するなか
潮州人が街の建設の担い手となった

汕頭以前の汕頭

古くから中国東南沿岸地帯で活躍していた潮州人と汕頭人。清代、これら海上商人は、タイ米を中国に輸入したほか、潮汕平野で産出される砂糖を江南に運び、帰りに綿花を広東に運んでいた(潮州の人びとは、より有利な条件で取引できるサトウキビを栽培して、主食の米をタイから輸入した)。汕頭に中国のジャンク船が数多く停泊している状況を、1853年にイギリス広州領事ロバートソンが報告するなど、1860年の汕頭開港以前からこの地は注目されていた。当時、イギリスのアヘン貿易は汕頭東の海上の南澳島で行なわれ、そこ

広東省

から汕頭港の媽嶼島へと遷ったという経緯もあった。

アヘン戦争と汕頭の開港

清朝では鎖国政策がとられ、西欧との交易は北京から遠く離れた広州沙面に限定されていた。こうしたなかアヘン戦争(1840～42年)に敗れた清朝は、広州・福州・厦門・寧波・上海の開港を余儀なくされ、香港島はイギリスに割譲された。続いて1858年に天津条約が結ばれると、潮州、台湾、登州、牛荘などの開港が決まり、潮州よりも海運に優れた立地をもつ汕頭は潮州の外港として1860年に開港された。これら港町に西欧の文

汕頭老埠頭の物語
Shantou

明や文化が流入し、中国沿岸部から近代化が進んでいった（蒸気船による海運の発展を受けて、汕頭旧市街に商埠地がおかれた）。20世紀初頭の汕頭は、上海、漢口、天津、広東（広州）、大連につぐ中国第6位の貿易港で、韓江や榕江を通じて人、もの、情報などは中国内陸部とつながっていった。汕頭にはイギリス、日本、フランスなど各国の領事館が構えられたが、ノルウェーやオランダは商人を領事代わりとしていたという。1860年の汕頭開港以後、アメリカや東南アジアの労働力として多くの汕頭人が海を渡り、汕頭では劣悪な環境のなかで働かされる苦力を斡旋する「猪仔館（猪仔行）」も見られた。

【MEMO】

『新汕頭』（内田五郎/臺灣總督官房調査課）収録図をもとに作成

20世紀初頭の汕頭と潮州

広東省

日本の進出した汕頭

日清戦争（1894～95 年）に勝利した日本は、台湾を植民地化し、1896 年、台湾総督府がおかれた。日本にとって、海峡をはさんで台湾対岸の福建省は戦略上の要衝となり、ドイツが山東省、ロシアが大連・旅順、フランスがベトナムから広東、広西に勢力を伸ばすなか、1898 年、日本は清朝と「福建省不割譲協定」を結んで、福建省をその勢力範囲とした（台湾には福建省と広東省の出身者が多く、潮州人が台湾南部に「潮州」という街をつくっている）。1904 年、台湾総督府の意向のもと、福建省に隣接する新興港湾都市の汕頭に日本領

▲左　茶で身を滅ぼすと言われるほど茶にうるさいのが汕頭人。　▲右　品さだめをする客と店主のやりとり

事館と日本警察署がおかれた。同時に植民地台湾の中央銀行である台湾銀行も汕頭に進出し、台湾銀行は日本円と連動した「銀票」のほか、「汕票」という汕頭標準通貨を発行している（銀票は1909年の発行で1円、5円、10円、50円という単位。汕票は1913年の発行で1元、5元、10元、50元という単位）。台湾と福建省、広東省を結ぶ船は、台湾総督府が補助金を出す命令航路とされ、日本郵船や大阪商船がこれらの港町を結んでいた。台湾総督府には福建省、広東省から東南アジアへなどの南洋へ進出する意図があったという。

広東省

互助組織「万年豊会館」

1860年の開港を受けて、飛躍的な発展をとげた汕頭にあって、潮州人たちの互助組織となっていた万年豊会館。万年豊会館は、韓江に入ってくる輸出入貨物の管理、船舶への課税などを共同で行ない、情報や利益を互いに共有した（韓江流域と榕江流域の左岸、右岸の地域から24人のメンバーが選ばれ、順番に事務を担当した）。万年豊会館に所属する人びとは潮州語を共通の母語とすることを特徴とし、東南アジアのチャイナ・タウン（潮州人社会）でも強い結束力を見せた。韓江デルタ最大の港町で、東南アジアへの窓口となっていた

Shantou

汕頭老埠頭の物語

汕頭の名をとって、万年豊会館は「汕頭商会」の名でも知られた。

Guide, Qi Lu
崎碌
城市案内

汕頭旧市街の東側のエリアは
崎碌と呼ばれていた
東西を結ぶ大動脈の中山路が走る

中山路 中山路 zhōng shān lù チョンシャンルウ ［★☆☆］
汕頭旧市街と新市街を東西に結ぶ中山路。1860年、開港場となった汕頭は西側の旧市街から開け、街の発展とともに東側に街区が拡大した。戦前（1945年以前）、人民広場あたりには浜辺があり、その北側を走るこの通りは中山馬路と呼ばれて馬車の走る姿が見られたという。現在は汕頭の開発区が市街東部におかれたため、自動車やバスの走る大動脈となっている。

【地図】崎碌

【地図】崎碌の [★★☆]
- [ ] 汕頭港 汕头港 シェントォウグァン

【地図】崎碌の [★☆☆]
- [ ] 中山路 中山路 チョンシャンルウ
- [ ] 東征軍革命史跡陳列館 东征军革命史迹陈列馆 ドォンチャンジュンガアミィンシイジイチェンリエグゥアン
- [ ] 石砲台公園 石炮台公园 シイパァオタァイゴォンユゥエン
- [ ] 時代広場 时代广场 シイダァイグゥアンチァァアン
- [ ] 龍湖 龙湖 ロォンフウ

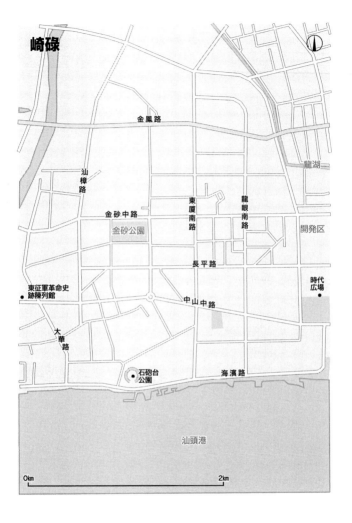

Shantou 崎碌城市案内

広東省

東征軍革命史跡陳列館 东征军革命史迹陈列馆
dōng zhēng jūn gé mìng shǐ jì chén liè guǎn ドォンチャンジュンガアミィンシイジイチェンリエグゥアン[★☆☆]

東征軍革命史跡陳列館は近代汕頭史の舞台となった場所で、「適宜楼」や「アストル・ハウス」の名で知られていた。鉄筋コンクリートとレンガ製の建物は、1924年に建てられ、当時の汕頭で唯一の外資（イギリス）系ホテルだった。1925年、蒋介石や周恩来の指揮する広州の北伐軍の東征にあたって、ここに軍総司令部がおかれた（孫文の意思をつぐ国民党軍は、先に革命を成功させたソ連のボロジンやガロンを顧問

▲左 20世紀末以来の改革開放で経済特区がおかれた。 ▲右 清朝末期から中華民国時代にいたるまでさまざまな物語があった

とした)。蒋介石とソ連の軍事顧問が西楼に、周恩来が東楼の2階東南隅に部屋を構え、やがて1928年に北京を占領して中国を統一した。現在は東征軍革命史跡陳列館として当時の写真や資料を展示している。

広東省

石砲台公園 石炮台公园 shí pào tái gōng yuán
シイパァオタァイゴォンユゥエン ［★☆☆］

汕頭旧市街東側のこのあたりは「崎碌」と呼ばれ、媽嶼島方面から入ってくる船にとって汕頭の入口にあたった。石砲台公園の要塞はもともと明代に築造され、清代の1874年に広東水師提督の方耀が軍事要塞と砲台をおいて周囲に濠をめぐらした（対岸の魚石蘇埃砲台とともに汕頭港の防御にあたった）。円形の防御要塞の姿が見られるなど、保存状態がよく、1000人の兵士が待機できた当時の蔵兵洞が残っている。現在は石砲台公園として開放されている。

Guide,
Shan Tou Nan Ao
汕頭南岸
城市案内

CHINA
広東省

汕頭港から対岸に見える礐石
汕頭市街とフェリーが往来し
礐石大橋と海湾大橋という2本の橋がかかる

汕頭礐石大橋 汕头礐石大桥 shàn tóu què shí dà qiáo
シャントォウチュエシイダアチャオ ［★☆☆］

汕頭港をはさんで汕頭と礐石にかかる全長2940mの汕頭礐石大橋。巨大な柱から橋をつる様式で、大きなふたつの三角形がならぶように見える。中央のアーチは518mになり、2万トン級の船舶が通行できるという。1995年に完成した。

礐石 礐石 què shí チュエシイ ［★★☆］

汕頭港の南岸を礐石と呼び、汕頭港、汕頭市街とあわせて「一湾両岸」で汕頭を構成する。1860年に汕頭が開港した黎明

Shantou 汕頭南岸城市案内

期から、西欧人の居留地がこの地におかれ、領事館や教会などが立っていた(イギリス人は媽嶼島から1864〜65年に礐石に居留地を遷し、イギリス領事館やアメリカバプティスト教会があった)。建築資材の花崗岩を産出することから、かつては「角石」と呼ばれていたが、この地を訪れた董必武(1886〜1975年)が詠んだ「隔海望礐石」から「礐石」という名前がとられた。汕頭港に面して、南浜路や海旁路などが走り、あたりには奇岩、南国の風景が広がっている。現在は人民広場側とフェリーが往来するが、清代までは礐石風景区の西側に磊口港があった。

【地図】汕頭南岸

【地図】汕頭南岸の [★★★]
- [ ] 汕頭旧市街 汕头老城区 シャントォウラァオチャァンチュウ

【地図】汕頭南岸の [★★☆]
- [ ] 礐石 礐石チュエシイ
- [ ] 天壇花園 天坛花园ティエンタァンフゥアユゥエン
- [ ] 小公園 小公园シャオゴォンユゥエン
- [ ] 汕頭港 汕头港シェントォウグアン

【地図】汕頭南岸の [★☆☆]
- [ ] 汕頭礐石大橋 汕头礐石大桥 シャントォウチュエシイダアチャオ
- [ ] 礐石風景区 礐石风景区チュエシイフェンジィンチュウ
- [ ] 白花尖大廟 白花尖大庙バァイフゥアジィアンダアミィアオ
- [ ] 1860 文化創意園 1860 文化创意园 イイバアリィウリィンウェンフゥアチュゥアンイイユゥエン
- [ ] 人民広場 人民广场レンミィングゥアンチャァアン

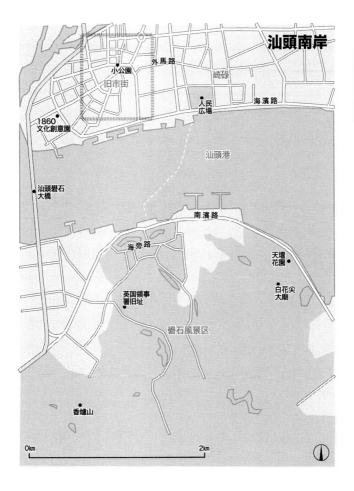

広東省

礐石風景区 礐石风景区 què shí fēng jǐng qū
チュエシイフェェンジィンチュウ [★☆☆]

汕頭港の南岸の礐石に位置し、「華南第一園」と呼ばれる礐石風景区。「入口景区」「塔山景区」「焔峰景区」「蘇安景区」「筆架山景区」「香炉山景区」の6つの景区からなり、大小43の山がそびえ、奇岩や渓流が広がる。「香爐暁烟（香爐山の朝もや）」は汕頭八景のひとつにあげられ、幽玄な趣の「垂虹洞」、汕頭港を見渡せる「飄然亭」、中国の小説の舞台にもなった「夢之谷」、泉のそばに奇岩の立つ「桃花澗」、摩崖石刻などが位置する。また汕頭開港直後の1862年に建てられた「英

▲左　汕頭港南岸の埠頭、船が対岸と往来する。　▲右　新たな汕頭の見どころとなっている白花尖大廟

国領事署旧址」も残る。

天壇花園 天坛花园 tiān tán huā yuán
ティエンタァンフゥアユゥエン ［★★☆］

礐石山東麓に位置し、汕頭の新たなランドマークとなっている天壇花園。黄色の屋根瓦でふかれた「白花尖大廟」、粤東第一宝塔と呼ばれる高さ56.5mの「万仏宝塔」、法会の行なわれる「九天禅院」、放生池のそばに残る「龍船舫」、儒教的美徳をもとに建てられた「思親堂」などからなる。潮州華僑の投資によって完成し、仏教テーマパークのような趣をしている。

広東省

白花尖大廟 白花尖大庙 bái huā jiān dà miào
バァイフゥアジィアンダアミィアオ［★☆☆］

白花尖大廟は天壇花園の中心に位置する仏教寺院。香港で財をなした陳錫謙はじめ潮州華僑の援助で建てられ、1993年に完成した。この廟は香港に進出した潮州人たちに信仰されていた「百花尖廟」がもとになっていて、「百」を「白」に変えて白花尖大廟となった（九天玄女がまつられていることから、九天娘娘廟とも呼ぶ）。広大な敷地に伽藍が展開し、門楼から大廟へ奥へ続く伽藍では、四天王像などの仏像や仏教壁画、潮汕地域特有の木彫や石彫の彫刻が見られる。

Guide,
Ma Yu Dao
媽嶼島
城市案内

汕頭港東側に浮かぶ媽嶼島と徳洲島
汕頭開港以前からの伝統をもち
多くの参詣者を集める老媽宮が立つ

汕頭海湾大橋 汕头海湾大桥 shàn tóu hǎi wān dà qiáo
シャントォウハァイワァンダアチィアオ ［★☆☆］

汕頭新市街と礐石を結ぶ全長 2500m の汕頭海湾大橋。1992年、汕頭経済特区の 10 周年を記念してかけられ、橋の途中に媽嶼島が位置する。橋脚は 46m あり、5 万トン級の大型船舶が汕頭港に入港できるように設計されている。

媽嶼島 妈屿岛 mā yǔ dǎo マアユウダァオ ［★☆☆］

汕頭市街から 7km の沖合、汕頭港への入口に浮かぶ媽嶼島。1851 年ごろから外国商船がここに停泊し、アヘン貿易などを

【地図】媽嶼島

【地図】媽嶼島の [★★☆]
- [ ] 汕頭港 汕头港 シェントゥグアン
- [ ] 礐石 礐石 チュエシイ

【地図】媽嶼島の [★☆☆]
- [ ] 汕頭海湾大橋 汕头海湾大桥 シャントゥハァイワァンダアチィアオ
- [ ] 媽嶼島 妈屿岛 マアユウダァオ
- [ ] 方特歓楽世界・藍水星 方特欢乐世界・蓝水星 ファンタアフゥアンラアシイジィエラァンシュゥイシィン
- [ ] 中山路 中山路 チョンシャンルウ

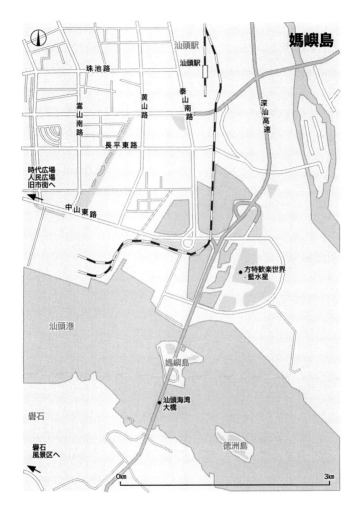

CHINA
広東省

行なっていたことを受けて、1853年、清代の常関（潮州新関）がおかれ、両広総督によって官吏が派遣された。1860年の汕頭開港前後から、イギリス人が2階建ての西欧建築を建てて、媽嶼島を拠点とした（盗賊に襲われないなどの安全上の理由があり、アヘンを積んだ商船が常泊するほどにぎわった）。このように媽嶼島は、汕頭以前の汕頭とも言える性格をもち、海の守り神の媽祖をまつる天后廟が立つ。元代以来の伝統があり、明の万暦年間時代に再建された「老媽宮」、清代に建てられた「新媽宮」というふたつの天后廟が立ち、媽嶼島という名前もここからとられている。また近くには徳洲島が浮

かび、媽嶼島とあわせて「ダブル・アイランド」と呼ばれた。

方特歓楽世界・藍水星 方特欢乐世界・蓝水星
fāng tè huān lè shì jiè lán shuǐ xīng ファンタアフゥアンラアシイジィエラァンシュゥイシィン [★☆☆]
汕頭を代表するアミューズメント・パークの方特歓楽世界・藍水星。ショッピングが楽しめる「銀河広場」、宇宙旅行をテーマにした「太空世界」はじめ、「失落帝国」「西部伝奇」「恐竜半島」「海螺湾」「嘟嚕嘟比農荘」「児童王国」「水世界」などのテーマパークからなる。

Guide,
Kai Fa Qu
開発区
城市案内

汕頭市街東部は 1978 年にはじまった
改革開放を受けて開発が進んだ新市街
整然とした街区、緑地をもつ

時代広場 时代广场 shí dài guǎng chǎng
シイダァイグゥアンチャァアン ［★☆☆］

汕頭新市街の中心に位置する広大な時代広場。面積は 17 万平方メートルになり、その大部分が緑地でおおわれている。周囲には「星河大厦」「汕頭市図書館」「林百欣国際会展中心」「南国商城」などの大型建築が立つ。

【地図】開発区

【地図】開発区の [★★☆]
- [ ] 汕頭港 汕头港 シェントゥウグアン

【地図】開発区の [★☆☆]
- [ ] 時代広場 时代广场 シイダァイグゥアンチャァアン
- [ ] 林百欣国際会展中心 林百欣国际会展中心 リィンバァイシィングゥオジイフゥイチャァンチョォンシィン
- [ ] 龍湖 龙湖 ロォンフウ
- [ ] 中山路 中山路 チョンシャンルウ

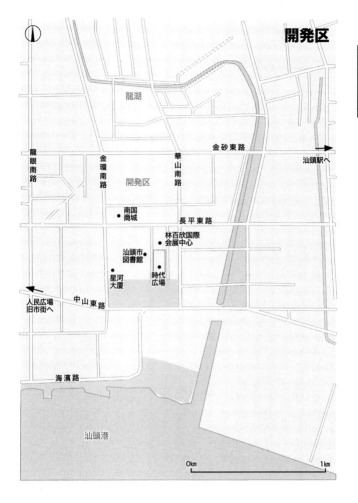

広東省

林百欣国際会展中心 林百欣国际会展中心
lín bǎi xīn guó jì huì zhǎn zhōng xīn リィンバァイシィンヴゥオジイフゥイチャァンチョォンシィン ［★☆☆］

林百欣国際会展中心は、高さ41m、6階建ての国際展覧会場。改革開放で経済特区に指定された汕頭にあって、東南アジアの潮州華僑の投資を呼びこむ拠点として建設された。大会堂、会議中心では、国際会議、商品発表会が開催される。

開発区城市案内

龍湖 龙湖 lóng hú ロォンフウ ［★☆☆］

龍湖は汕頭開発区に整備された工業団地。1978年の改革開放を受けて、汕頭は深圳、珠海、厦門とともに経済特区に指定され、それまでの計画経済から、資本主義の制度が導入された（汕頭から東南アジアへ船出した潮州華僑の投資を呼びこむ意図があった）。龍湖には、おもちゃ、医療、家具、じゅうたんなどの工場があり、東南アジアに向けた輸出品が生産されている。

Guide, Shan Tou Jiao Qu
汕頭郊外城市案内

CHINA
広東省

かつて海賊たちが跳梁した
韓江デルタ河口部
汕頭郊外には北回帰線も走る

南澳島 南澳岛 nán ào dǎo ナァンアオダオ ［★☆☆］

広東省と福建省のちょうど省境、韓江河口部の洋上に浮かぶ南澳島。福建省から広東省へといたる船が必ず通過し、明清時代には海賊の根拠地、アヘンの取引場所でもあった（明朝は南澳島の守りをどうするかを問題とし、福建省と広東省の双方で担当したり、あるいは「捨てて守らず」といった方針もとった）。南澳島では、三日月のような砂浜が2.4km続き、中国有数の美しい砂浜として知られる。明代の1576年に創建された「総兵府」、倭寇の財宝が眠るという「金銀島」、元の侵攻から逃れた陸秀夫、張世傑らに連れられた南宋の幼帝

が立ち寄って飲んだという「宋井」などが残る。また島の西側には1400種類の植物、130種類の鳥類の生息する南澳海島国家森林公園となっている。

青雲巌風景区 青云岩风景区 qīng yún yán fēng jǐng qū
チィンユゥンイェンフェンジィンチュウ ［★☆☆］
汕頭港の南岸、南国の世界が広がる青雲巌風景区。1710年に建てられた「青雲禅寺」はじめ、「雲岩禅林」「青雲岩」「祇園石刻」などの景勝地が点在する。また潮州や汕頭で信仰を集めている「大峰祖師廟」も位置する。

【地図】汕頭郊外

【地図】汕頭郊外の [★★☆]
- [ ] 北回帰線標志塔 北回归线标志塔 ベェイフゥイグゥイシィエンビィアオチイタア
- [ ] 汕頭港 汕头港 シェントォウグアン
- [ ] 小公園 小公园 シャオゴォンユゥエン

【地図】汕頭郊外の [★☆☆]
- [ ] 南澳島 南澳岛 ナァンアオダオ
- [ ] 青雲巌風景区 青云岩风景区 チィンユゥンイェンフェンジィンチュウ
- [ ] 汕頭大学 汕头大学 シャントォウダアシュゥエ
- [ ] 従熙公祠 从熙公祠 ツォンシイゴォンツウ
- [ ] 陳慈黌故居 陈慈黉故居 チェンツウホォングウジュウ
- [ ] 樟林 樟林 チャオリィン
- [ ] 礐石風景区 礐石风景区 チュエシイフェェンジィンチュウ
- [ ] 人民広場 人民广场 レンミィングゥアンチャァアン

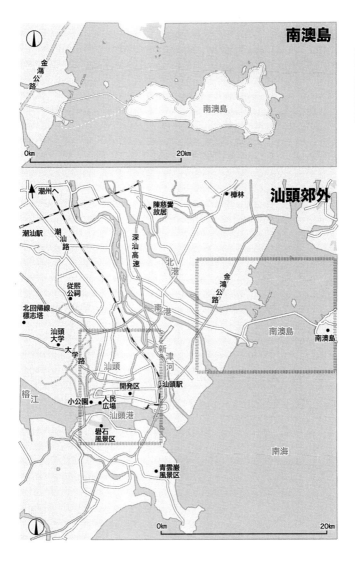

汕頭郊外城市案内

広東省

汕頭大学 汕头大学 shàn tóu dà xué
シャントォウダアシュゥエ [★☆☆]

汕頭市街の北西郊外に位置する汕頭大学。1981年、汕頭に大学をつくって人材を育成するという目的をもとに、潮州華僑として成功をおさめた香港財閥の李嘉誠による莫大な寄付（20億香港ドル）で建てられた。研究拠点や人材の輩出を行ない、広大なキャンパスをもつ。

▲左　北回帰線の走る汕頭は南国の情緒がただよう。　▲右　潮汕地方で発達した伝統工芸

北回帰線標志塔 北回归线标志塔 **běi huí guī xiàn biāo zhì tǎ**
ベェイフゥイグゥイシィエンビィアオチイタア　[★★☆]

汕頭を走る北回帰線上に立つ北回帰線標志塔。北回帰線の走る北緯23度27分の地は、夏至の日、太陽が真上に来て垂直にあたる（地球の自転軸が23度27分傾いていることから、春分と秋分に「赤道」、夏至に「北回帰線」、冬至に「南回帰線」が太陽直下となる）。ここ鶏篭山の地球儀を支えるモニュメントは直径5mになり、1986年に建てられた。汕頭の年間平均気温は20～22度で、亜熱帯の植生をもつ。

広東省

従熙公祠 从熙公祠
cóng xī gōng cí ツォンシイゴォンツウ [★☆☆]

潮汕文化の粋を集めた邸宅が見られる従熙公祠。从熙（1827〜1902年）はマレーシアに渡った潮州華僑で、この邸宅は14年の月日、26万元もの大金がつぎ込まれて1884年に完成した。石彫や彩色された木彫など贅をつくした四合院様式の建築で、清代のこの地方を代表する民居となっている。

汕頭郊外城市案内 Shantou

陳慈黌故居 陈慈黉故居
chén cí hóng gù jū チェンツウホォングウジュウ [★☆☆]

前美村に位置し、「嶺南第一橋宅」とたたえられる陳慈黌故居。1939年に完成した陳家の大邸宅で、潮汕民居と西欧建築が融合した贅沢なつくりとなっている。「郎中第」「寿康裏」「善居室」「三廬」といった建物、いたるところに配置された彫刻や調度品が見られる。この地方の民俗や工芸にふれることができ、汕頭八景のひとつ「黌院恵風」にあげられる。

広東省

樟林 樟林 zhāng lín チャオリィン ［★☆☆］

汕頭から北東30km、韓江河口部に位置する樟林。汕頭が発展する以前は、ここ樟林が潮汕地方の中心港だった（韓江デルタには川筋ごとに港があり、土砂の堆積でそれぞれの港は盛衰した）。1860年に開港した汕頭の台頭で、やがてすたれ、現在は樟林古港と呼ばれている。

船出し成功した潮州華僑

CHINA
広東省

現在、30を超すという
国や地域で活躍している潮州人
開拓者精神が各地での成功へつながった

潮州人たちの船出

韓江を通じて内陸へ続く東西の道、広州、台湾、江南を結ぶ南北の海上の道の交わる潮州(汕頭)。福建の閩南人、広東(広州)人とならんで、潮州人は宋代から東南アジアへ進出していた。とくに清(1616～1912年)代、タイに進出して、人口爆発による中国の食料不足に応えるためのタイ米の輸入を一手ににぎったのが潮州人だった。ほかには韓江デルタの砂糖を江南へ、江南から韓江デルタへ綿花や綿布を運んだほか、1842年にイギリスに割譲された香港島に進出し、上環の「南北行(中国南北を往来する商人)」として潮州人が活躍した

Shantou 船出し成功した潮州華僑

ほか、1860年に開港した汕頭を拠点に、ベトナム、シンガポール、バンコクと国境を越えて商業拠点をつくって財をなす潮州商人も多かった。これら各地の潮州人社会では潮州語による潮州劇が演じられるという。

ロイヤル・チャイニーズ（王室華僑）
1767年、バンコクの対岸にトンブリ朝を建国したのが潮州人の父親とタイ人の母親をもつタクシンこと鄭昭であった。タクシンはビルマが拡大するなかで、タイ人と中国人の軍勢をひきいて、陥落したアユタヤを奪還した（1776年、清朝

広東省

もこのタクシンの王朝を承認した)。タクシンはバンコクに多くの潮州人を呼び寄せ、以後も、潮州人が金融、経済など各方面で実権をにぎったことから、バンコクでは実業界で商売するため、他の華僑が潮州語を学ぶという。潮州華僑はタイ王室にまで進出したことから、「ロイヤル・チャイニーズ」の言葉が知られるほか、シンガポール初代首相リー・クアンユーは潮州府の客家出身の家系を出自とする。

東南アジアをまたにかける財閥

タイのCPグループは、汕頭から移民した謝氏一族が1921年に

Shantou 船出し成功した潮州華僑

▲左　寺院にほどこされた精緻な彫刻。　▲右　バイクのままフェリーに乗る

創業した正大荘行にはじまる。謝易初と謝少飛は、香港から輸入した種子や肥料をもとにバンコクで事業を拡大し、養豚や養鶏のほか、スーパーマーケットの展開、オートバイの生産でも成功した（1978年に中国で改革開放がはじまると、いち早く中国市場へ逆進出した華僑グループでもあった）。また香港財閥の長江実業を設立した李嘉誠も潮州出身で、造花「香港フラワー」をつくる工場を軌道に乗せ、香港が中継貿易地、工業地、金融都市へと変貌するなかで、不動産、通信、情報メディアへと事業を拡大させた。タイのCPグループ、香港の長江実業はいずれも潮州華僑が創立した当地における最大規模の財閥と知られる。

参考文献

『新汕頭』（内田五郎 / 臺灣總督官房調査課）

『汕頭港』（東亞海運株式會社營業部企畫課）

『汕頭の一般概況』（臺灣總督官房外務部）

『汕頭事情』（在汕頭日本領事館編 / 外務省通商局）

『潮州地方の善堂の発展：汕頭（スワトウ）市とバンコクの事例から』（玉置充子 / 拓殖大学華僑研究）

『中国広東省潮汕地域の善堂 :- 善挙と救劫論を中心に』（志賀市子 / 茨城キリスト教大学紀要）

汕头市政府门户网站（中国語）http://www.shantou.gov.cn/

汕头旅游局公众网（中国語）http://www.stly.gov.cn/

汕头市文化广电新闻出版局（中国語）http://www.stcp.gov.cn/

汕头市公益基金会（中国語）http://www.sttiantan.com/

[PDF] 汕頭 STAY（ホテル＆レストラン情報）http://machigotopub.com/pdf/shantoustay.pdf

『世界大百科事典』（平凡社）

まちごとパブリッシングの旅行ガイド
Machigoto INDIA , Machigoto ASIA , Machigoto CHINA

【北インド - まちごとインド】

001 はじめての北インド
002 はじめてのデリー
003 オールド・デリー
004 ニュー・デリー
005 南デリー
012 アーグラ
013 ファテープル・シークリー
014 バラナシ
015 サールナート
022 カージュラホ
032 アムリトサル

【西インド - まちごとインド】

001 はじめてのラジャスタン
002 ジャイプル
003 ジョードプル
004 ジャイサルメール
005 ウダイプル
006 アジメール（プシュカル）
007 ビカネール
008 シェカワティ
011 はじめてのマハラシュトラ
012 ムンバイ
013 プネー
014 アウランガバード
015 エローラ
016 アジャンタ
021 はじめてのグジャラート
022 アーメダバード
023 ヴァドダラー（チャンパネール）
024 ブジ（カッチ地方）

【東インド - まちごとインド】

002 コルカタ
012 ブッダガヤ

【南インド - まちごとインド】

001 はじめてのタミルナードゥ
002 チェンナイ
003 カーンチプラム
004 マハーバリプラム
005 タンジャヴール
006 クンバコナムとカーヴェリー・デルタ
007 ティルチラパッリ
008 マドゥライ
009 ラーメシュワラム
010 カニャークマリ
021 はじめてのケーララ
022 ティルヴァナンタプラム
023 バックウォーター（コッラム〜アラップーザ）
024 コーチ（コーチン）
025 トリシュール

【ネパール - まちごとアジア】

001 はじめてのカトマンズ
002 カトマンズ
003 スワヤンブナート

004 パタン
005 バクタプル
006 ポカラ
007 ルンビニ
008 チトワン国立公園

010 アルダビール

【北京 - まちごとチャイナ】

001 はじめての北京
002 故宮（天安門広場）
003 胡同と旧皇城
004 天壇と旧崇文区
005 瑠璃廠と旧宣武区
006 王府井と市街東部
007 北京動物園と市街西部
008 頤和園と西山
009 盧溝橋と周口店
010 万里の長城と明十三陵

【バングラデシュ - まちごとアジア】

001 はじめてのバングラデシュ
002 ダッカ
003 バゲルハット（クルナ）
004 シュンドルボン
005 プティア
006 モハスタン（ボグラ）
007 パハルプール

【天津 - まちごとチャイナ】

001 はじめての天津
002 天津市街
003 浜海新区と市街南部
004 薊県と清東陵

【パキスタン - まちごとアジア】

002 フンザ
003 ギルギット（KKH）
004 ラホール
005 ハラッパ
006 ムルタン

【上海 - まちごとチャイナ】

001 はじめての上海
002 浦東新区
003 外灘と南京東路
004 淮海路と市街西部
005 虹口と市街北部
006 上海郊外（龍華・七宝・松江・嘉定）
007 水郷地帯（朱家角・周荘・同里・甪直）

【イラン - まちごとアジア】

001 はじめてのイラン
002 テヘラン
003 イスファハン
004 シーラーズ
005 ペルセポリス
006 パサルガダエ（ナグシェ・ロスタム）
007 ヤズド
008 チョガ・ザンビル（アフヴァーズ）
009 タブリーズ

【河北省 - まちごとチャイナ】

001 はじめての河北省
002 石家荘
003 秦皇島
004 承徳
005 張家口
006 保定
007 邯鄲

【江蘇省 - まちごとチャイナ】

001 はじめての江蘇省
002 はじめての蘇州
003 蘇州旧城
004 蘇州郊外と開発区
005 無錫
006 揚州
007 鎮江
008 はじめての南京
009 南京旧城
010 南京紫金山と下関
011 雨花台と南京郊外・開発区
012 徐州

【浙江省 - まちごとチャイナ】

001 はじめての浙江省
002 はじめての杭州
003 西湖と山林杭州
004 杭州旧城と開発区
005 紹興
006 はじめての寧波
007 寧波旧城
008 寧波郊外と開発区
009 普陀山
010 天台山
011 温州

【福建省 - まちごとチャイナ】

001 はじめての福建省
002 はじめての福州
003 福州旧城
004 福州郊外と開発区
005 武夷山
006 泉州
007 厦門
008 客家土楼

【広東省 - まちごとチャイナ】

001 はじめての広東省
002 はじめての広州
003 広州古城
004 天河と広州郊外
005 深圳（深セン）
006 東莞
007 開平（江門）
008 韶関
009 はじめての潮汕
010 潮州
011 汕頭

【遼寧省 - まちごとチャイナ】

001 はじめての遼寧省
002 はじめての大連
003 大連市街
004 旅順
005 金州新区

006 はじめての瀋陽
007 瀋陽故宮と旧市街
008 瀋陽駅と市街地
009 北陵と瀋陽郊外
010 撫順

【重慶 - まちごとチャイナ】

001 はじめての重慶
002 重慶市街
003 三峡下り（重慶〜宜昌）
004 大足

【香港 - まちごとチャイナ】

001 はじめての香港
002 中環と香港島北岸
003 上環と香港島南岸
004 尖沙咀と九龍市街
005 九龍城と九龍郊外
006 新界
007 ランタオ島と島嶼部

【マカオ - まちごとチャイナ】

001 はじめてのマカオ
002 セナド広場とマカオ中心部
003 媽閣廟とマカオ半島南部
004 東望洋山とマカオ半島北部
005 新口岸とタイパ・コロアン

【Juo-Mujin（電子書籍のみ）】

Juo-Mujin 香港縦横無尽
Juo-Mujin 北京縦横無尽
Juo-Mujin 上海縦横無尽

【自力旅游中国 Tabisuru CHINA】

001 バスに揺られて「自力で長城」
002 バスに揺られて「自力で石家荘」
003 バスに揺られて「自力で承徳」
004 船に揺られて「自力で普陀山」
005 バスに揺られて「自力で天台山」
006 バスに揺られて「自力で秦皇島」
007 バスに揺られて「自力で張家口」
008 バスに揺られて「自力で邯鄲」
009 バスに揺られて「自力で保定」
010 バスに揺られて「自力で清東陵」
011 バスに揺られて「自力で潮州」
012 バスに揺られて「自力で汕頭」
013 バスに揺られて「自力で温州」

【車輪はつばさ】
南インドのアイラヴァテシュワラ寺院には建築本体に車輪がついていて寺院に乗った神さまが人びとの想いを運ぶと言います。

・本書はオンデマンド印刷で作成されています。
・本書の内容に関するご意見、お問い合わせは、発行元の
　まちごとパブリッシング info@machigotopub.com までお願いします。

まちごとチャイナ
広東省011汕頭
〜潮州華僑「船出の港町」[モノクロノートブック版]

2017年11月14日　発行

著　者	「アジア城市（まち）案内」制作委員会
発行者	赤松　耕次
発行所	まちごとパブリッシング株式会社 〒181-0013　東京都三鷹市下連雀4-4-36 URL http://www.machigotopub.com/
発売元	株式会社デジタルパブリッシングサービス 〒162-0812　東京都新宿区西五軒町11-13 清水ビル3F
印刷・製本	株式会社デジタルパブリッシングサービス URL http://www.d-pub.co.jp/

MP125

ISBN978-4-86143-259-0 C0326　　　　Printed in Japan
本書の無断複製複写（コピー）は、著作権法上での例外を除き、禁じられています。